AF356807

INTRODUCTION

AU COURS

DE

THÉORIE D'ARCHITECTURE

DE L'ANNÉE 1839;

PAR M. BALTARD,

PROFESSEUR DE THÉORIE A L'ÉCOLE ROYALE DES BEAUX-ARTS.

DE L'IMPRIMERIE DE CRAPELET,
RUE DE VAUGIRARD, N° 9.

INTRODUCTION

AU COURS

DE

THÉORIE D'ARCHITECTURE.

Dans le cours des révolutions dont les nations civilisées peuvent éprouver le choc, on aurait lieu d'être surpris si les idées , si les systèmes adoptés par les classes pensantes et méditatives, ne subissaient pas, au milieu des tempêtes publiques, le besoin d'un retour sur elles-mêmes , retour dont les effets et les conséquences peuvent avoir des résultats plus ou moins rationnels.

L'éclectisme ou le doute qui domine alors et s'empare des esprits les éloigne ou les rapproche de la vérité jusqu'au moment où, par l'analyse, les démonstrations se réduisent en axiomes, pour ne plus être contestées.

Les sciences naturelles ne sont pas exposées à ces diverses épreuves : elles sont du domaine de la philosophie, et même, loin de rester stationnaires, en s'élevant constamment par l'observation , en ouvrant sans cesse devant elles de nouvelles routes, elles agrandissent sans obstacles la sphère des connaissances positives.

Les sciences mathématiques, moins élevées en apparence, mais d'une application plus générale, devaient s'étendre de proche en proche pour aplanir et jalonner la route des études de la nature, pour venir en aide à toutes les autres connaissances.

Dans le cours et pendant la durée de nos révolutions, pouvait-il en être de même de toutes les choses dont les principes sont abstraits, de toutes les choses qui ne peuvent se perfectionner ou s'embellir que sous l'influence dominatrice, mais quelquefois encore impuissante des beaux-arts ?

L'architecture, qui s'élève majestueusement au-dessus de toutes les combinaisons du savoir, du génie et du goût, n'a pu échapper à cette subversion qui avait menacé tant d'institutions ; mais tandis que ces institutions se relevaient du sein des ruines où elles semblaient se perdre à jamais, tandis que l'art et le beau titre d'architecte ne devinrent plus, pendant une longue période d'années, qu'un art prostitué, qu'une profession commune, sans garantie, livrée au premier audacieux qui souvent même ignorait le sage emploi de la truelle ou du marteau.

Comment, malgré les temps de trouble et de confusion, le feu sacré, le culte des beaux-arts, a-t-il été entretenu pour étendre sa lumière au loin ? En conservant sa prééminence, en s'unissant à la renommée si justement acquise de la sculpture et de la peinture.

Comment aussi, malgré tant de dignes efforts, malgré les talens les plus distingués, notre art est-il maintenant exposé à une dégénération de principes, sous l'influence de ceux mêmes qui seraient appelés par leur mérite à le défendre, ou par ceux qui, par leur position, devraient s'abstenir de prendre parti dans les questions de goût, ou sur la prééminence de tel ou tel genre, de tel ou tel mode d'architecture ?

Serait-ce à raison de ce que les nouveaux adeptes préconisés de nos jours, en s'affranchissant de toute règle, s'avancent sans obstacles et sans fatigue dans le champ ouvert à la renommée par l'insouciance publique ? Serait-ce parce qu'il est plus facile et plus avantageux d'égarer l'opinion en matière de goût par des œuvres indigestes que de se livrer à des études graves, longues et pénibles, qui ne conduisent aux succès et à la réputation que par une route laborieuse, par des productions consciencieuses, seules dignes d'une véritable estime ?

Telles seraient les premières questions à poser à l'ouverture d'un cours d'architecture, mais, comme la solution de ces questions n'est pas essentiellement du ressort de l'enseignement, et qu'elle nous jetterait en dehors du cercle dont une analyse rapide ne nous permet pas de sortir, nous nous bornerons à citer les faits, à en déduire les conséquences les plus plausibles, ou les principes qui nous paraîtront les moins contestables.

Par un entraînement irréfléchi sans doute et par le désir d'innover qui nous menace, ne sommes-nous pas sur un plan incliné qui nous précipite vers l'imitation de ces ouvrages nés dans les temps de barbarie, suite de la décadence du Bas-Empire, comme si la reproduction des édifices grossiers de cette fatale époque pouvait présenter quelque chose de nouveau et digne de quelque estime ?

Cette autre architecture, créée en l'absence de toute raison et dans l'ignorance des règles les plus communes, on l'appelle du moyen âge, et je la désignerai sous la dénomination de *gothique*, c'est à tort qu'on la préconise comme si elle pouvait servir d'exemple par ses dispositions, par son système de constructions, toujours ambitieux de dominer, d'en imposer aux populations, de surprendre par son immensité : on ne saurait approuver cette sorte de construction percée à jour, appuyée sur des faisceaux de colonnes groupées; ces simulacres d'une légèreté mensongère; ces ornemens capricieux et inconvenans, quelquefois d'une exécution très remarquable par leur délicatesse et par leur perfection, mais qui n'ont, il est vrai, d'autre autorité, à nos yeux, et d'autre mérite que celui d'une main habile, œuvre d'un artiste qui, abandonné à lui-même, se livre à des inspirations sans frein et sans que jamais on puisse en induire que ce mérite d'exécution que je signale à titre d'exception, puisse être l'effet d'une prévoyante sagesse ou d'un goût bien dirigé. Ainsi, d'une part, il faut se prémunir contre des innovations qui sont bien loin d'être renouvelées des Grecs, qui même sont loin d'avoir le mérite de l'invention; d'autre part, il faut aussi le dire, il s'élève une opposition puissante qui veut qu'on s'en rapporte exclusivement aux traditions antiques.

Dira-t-on que ces traditions ont vieilli, qu'il faut y substituer un style licencieux, les remplacer par ces autres traditions d'ouvrages grossiers élevés dans les temps de la décadence de tous les arts; par ce style byzantin qui, cependant, rappelait encore l'architecture de l'ancienne Rome? ou, plus radicalement, voudra-t-on revenir aux édifices surmontés de combles pyramidaux, sans corniches, surchargés de contre-forts dont les effets désastreux s'étendent et nous menacent de toute part de dépenses énormes en réparations incessantes et qui attestent la dépravation du goût?

Non contente de tenter la reproduction des œuvres de la décadence des arts au temps du Bas-Empire et du genre gothique, cette rénovation dangereuse descend plus bas encore, en faisant apparaître, en imitant de nouveau les décorations ridiculement grotesques introduites sous le long règne qui a succédé à celui de Richelieu et de Louis XIV, bizarres inventions qui avaient envahi si généralement la décoration des intérieurs et du dehors de tous les édifices, et dont les produits, repoussés par le bon goût, sont de nouveau remis en honneur ou exhumés des vieux garde-meubles où ils gisaient dans la poussière.

Dans un tel débordement, et lorsqu'il s'élève de toute part comme un parti de prôneurs puissans par leur position, grands explorateurs de vieilleries nées du sein de la décadence, au temps de la plus grossière barbarie, ne peut-on pas se demander où doit siéger l'autorité en matière d'art, et surtout en matière d'architecture?

Serait-ce au milieu de ceux qui, par état, ne peuvent être initiés dans la connaissance des sciences qui doivent régir un enseignement régulier et méthodique? Serait-ce en l'absence des connaissances théoriques et pratiques et d'une expérience longuement acquise? Serait-ce du sein des salons, des cabinets, où se discutent des intérêts d'un ordre plus élevé encore, que peuvent surgir les solutions de toutes les questions si spéciales qui ont trait à la marche et aux progrès de l'architecture, de cet art éminent qui exige la réunion de connaissances et d'études si variées, *qui en outre exige aussi dans la tête d'un seul un sens droit, une imagination vive et un goût supérieur?*

Quoi qu'il en soit de ces doutes, il ne faut pas désespérer d'une belle cause, il faut se confier à la destinée des beaux-arts et de l'architecture.

Les aberrations des esprits novateurs ou systématiques ne prévaudront pas contre les préceptes d'ordre fondés sur l'expérience et sur l'étude des bons modèles transmis par les écoles grecques, et qui sont venus jusqu'à nous.

Ainsi, et dans ce but, nous opposerons les préceptes que la raison et l'expérience ont admis; nous prescrirons l'observation des convenances et du goût; nous les opposerons à ces enfantemens de la licence qui ont rendu la pratique des beaux-arts si facile par l'affranchissement de ces préceptes et de l'étude de la nature.

Sans vouloir pénétrer dans le sanctuaire de l'histoire de l'art, si abondante en tableaux intéressans et variés, mais qu'il appartient à notre honorable collègue M. Huyot de traiter, nous devons cependant donner un aperçu rapide des tentatives, des premiers essais ou des grandes entreprises qui ont contribué à l'illustration des nations puissantes dont la mémoire nous a été transmise.

Peut-être y verra-t-on que l'architecture dans son enfance fut impuissante et grossière, mais que les peuples, toujours ambitieux de renommée ou inspirés par les croyances dogmatiques, ont souvent fondé les prestiges de ces croyances sur les édifices sacrés qui dans tous les temps ont couvert le globe des plus gigantesques monumens.

Nous pourrons remarquer aussi que, sans la découverte de la ville de Pompeia, nous serions encore dans l'ignorance des usages privés, de la grandeur et de la disposition des édifices spécialement destinés dans l'antiquité à la demeure de l'homme.

Ces découvertes ont jeté un nouveau jour sur ce qu'on peut tenter dans ce genre, mais si l'on voulait remonter au delà vers les origines de l'architecture, si souvent commentées, l'on s'exposerait à des divagations peu utiles : tout ce qu'on en pourrait dire, c'est que les populations troglodytes durent construire les premiers édifices dans un système bien opposé à celui que durent pratiquer les habitans des plaines, des pays montueux et boisés.

Cette recherche sur les premiers essais de l'art de bâtir deviendrait d'autant plus insignifiante que l'architecture, par une suite de traditions, a passé d'âge en âge jusqu'à nos jours sans conserver les types primordiaux de ses origines diverses.

De progrès en progrès, cet art a embrassé dans sa sphère tous les autres arts ; il a mis en œuvre tous les matériaux et a su faire plier les uns et les autres sous l'empire des besoins, des convenances, pour satisfaire à toutes les exigences en nous stimulant dans la recherche des commodités de la vie, jusqu'à nous procurer cette satisfaction qu'on éprouve à la vue d'un édifice d'une belle ordonnance, et enfin à nous inspirer des sentimens de respect pour les œuvres du génie et l'amour de l'ordre.

Nous sommes parvenus à ce point que l'architecture, cet art né du besoin élevé et cultivé par la science, cet art que l'on peut considérer comme le législateur en matière de goût, cet art ne tient plus rien, ni des monumens de l'Inde, ni de ceux de l'Égypte, et malgré tout ce que la vue des importantes ruines de Thèbes et de Memphis a pu nous inspirer de surprise et d'admiration, jamais on ne pensera à en édifier de semblables.

Toutefois et à ce sujet, on peut admettre avec quelque vraisemblance que les plus antiques temples de la Grèce furent une imitation des édifices sacrés de l'Égypte, modifiée par les combinaisons architecturales déjà pratiquées par les artistes grecs des premiers temps de l'art.

Serait-ce aussi sans quelque vraisemblance qu'on supposerait que les premiers habitans de la Haute-Égypte auraient, à l'instar des Indous, creusé leurs premières cavernes, ou en auraient orné l'entrée par des colosses taillés dans la roche, et qu'en passant par la succession des temps et marchant de progrès en progrès à des entreprises plus hardies et plus difficiles, ils auraient couvert les rivages du Nil de magnifiques et nombreuses cités, de monumens qui n'ont point été surpassés en grandeur et en somptuosité ?

Cette supposition est basée par analogie sur l'opinion assez fondée que la civilisation a pu s'étendre et progresser dans l'Inde avant de se propager sous des climats moins favorisés de la nature.

Elle s'appuierait aussi sur la disposition des monumens de l'Inde qui, plus grossiers que ceux de l'Égypte, présentent toutefois des masses et des configurations qui permettent d'y reconnaître quelques similitudes.

Ce rapprochement entre les constructions créées dans l'enfance de deux peuples nous autorise à penser qu'en considérant la marche de l'architecture dans la profondeur des siècles, sauf les révolutions qui ont changé la face des empires, l'art de bâtir s'est porté toujours en avant pour s'élever à toutes les perfections.

Cette vérité semble démontrée par l'histoire : dans l'Inde comme dans l'Égypte, les premiers habitans, ces populations troglodytes durent, en sortant de leurs grottes, et sous l'impression d'habitudes anciennes, ne penser qu'à perfectionner leurs premières habitations et en créer de nouvelles qui puissent leur offrir les mêmes avantages.

Les prêtres, toujours si puissans dans ces belles contrées, consacrèrent les grottes et les premières constructions à leur usage au nom des divinités qu'ils invoquaient pour assurer leur domination.

De là, l'immensité des pagodes, des temples, des palais et de toutes les constructions gigantesques dont l'Inde et dont l'Égypte sont couvertes.

Sous l'influence de la législation des prêtres et des rois de l'Égypte, l'on vit Thèbes et Memphis attester la puissance créatrice d'un peuple à qui la pratique des arts était déjà familière : déjà aussi l'ordre, la symétrie, présidaient à la distribution des temples et des palais.

L'ordonnance d'architecture de ces temples ornés d'hiéroglyphes distribués avec régularité, exécutés avec perfection, était substituée à ces frontispices des grottes, à ces statues colossales taillées en adossement dans le roc, dont la Haute-Egypte offre de si mémorables exemples.

Cette progression devient plus sensible et plus admirable en Grèce : Orphée, législateur, y introduisit le culte et le goût des arts, qui devint fécond sous l'influence d'une théogonie emblématique et riante dont le génie de la liberté favorisa les développemens.

Ainsi, lorsque les premiers temples furent érigés, ils conservèrent quelques-unes des proportions des masses égyptiennes, mais les parties furent mises dans une telle corrélation entre elles que, dès les premiers pas, on découvre dans les produits de l'art grec ce sentiment de convenance et de délicatesse qui se développa dans la suite avec une supériorité qui n'a jamais été contestée.

Cette marche toujours ascensionnelle de l'architecture et de tous les arts devait être dépassée encore par le peuple le plus puissant qui, après avoir conquis la Grèce, reçut au sein de ses villes la loi du vaincu, et apprit de lui qu'il est encore une autre gloire que celles des armes.

Ainsi, ces maîtres du monde subirent la loi des

artistes grecs, qui déjà avaient été appelés à Rome avant le règne d'Auguste et des Césars.

Ils y dominaient par les sublimes productions de leur ciseau, par leurs inventions si nobles et si somptueuses des temples élevés dans Rome, et par les palais des citoyens opulens, dont le faste surpassait quelquefois celui des chefs de l'empire.

Après ces temps de prospérité pour les arts, qu'il est pénible de jeter un regard sur les restes épars de tant de grandeur, de voir les temples abattus, des massifs de briques dépouillés des marbres, des bronzes qui les recouvraient ; de ne voir plus, dans les fouilles tentées de nos jours sur le sol que parcouraient les triomphateurs, que quelques fragmens mutilés, que des masses plus ou moins dénaturées et informes, où l'on retrouve cependant encore l'empreinte du ciseau grec !

Quelles doivent être nos réflexions en lisant l'histoire de ces dévastations qui ont pesé sur le grand peuple, par ces guerres impitoyables, par l'insultante barbarie qui s'est étendue sur la tombe palpitante de la grandeur romaine !

Un sacerdoce nouveau s'est implanté sur les ruines de celui qui régnait dans l'empire.

Le paganisme, tout fabuleux qu'il était, entretenait dans les âmes l'amour de la patrie ; il y faisait germer des vertus grandes et généreuses, tandis que le dogme nouveau récompensait l'abnégation de soi-même plus que les grands talens ; il ne pro-

duisit que des cloîtres et des églises qui furent
souvent édifiées, soit au milieu des anciennes basiliques, soit avec les matériaux provenant de la des-
truction des temples et des monumens anciens.

A cette époque remarquable succéda celle dite
du moyen âge, où des édifices sans nombre couvri-
rent la terre antique, où la forme si simple des
basiliques fut presque entièrement dénaturée; ce
style et ce genre de décoration furent proscrits
et repoussés à l'époque de la renaissance, de même
que durant le siècle de Louis-le-Grand, comme
étant l'œuvre de l'ignorance et de la barbarie. Malgré cette proscription, on le reproduit de nos jours,
on nous l'impose comme le type indispensable du
caractère religieux; ce type est devenu aussi celui
de nos ameublemens.

C'est ainsi que des croyances dogmatiques s'élè-
vent contre les édifices sacrés des anciens jusque
dans la structure des édifices qu'elles consacrent,
comme si le paganisme pouvait renaître de ses
cendres.

C'est ainsi que naguère les institutions religieuses
exerçaient encore indirectement une action plus im-
médiate sur les populations plus facilement que
ne le pouvaient les institutions civiles, qui elles-
mêmes n'échappaient pas toujours à un joug sous
lequel les arts aussi ont été forcés de courber la
tête.

Dès lors, l'architecture eut à se conformer à la

volonté irrésistible de ces colléges nombreux de moines étrangers aux préceptes des arts, qui possédaient toutes les richesses.

Ainsi, l'architecture entraînée hors de sa sphère, n'eut plus à construire, à l'instar des basiliques de la primitive église, ces voûtes imposantes, ces plafonds riches de combinaisons heureuses, mais des arcs en ogives, des nefs disproportionnées par la hauteur qui leur fut assignée dans la vue de dominer au loin sur la terre.

Ces voûtes à nervures furent nécessairement accotées par ces échafaudages parasites, couronnées de pyramidions plus parasites encore.

A ces pyramidions, comme à toutes les lignes verticales ou rampantes, il fut accroché par pelotes détachées, des feuillages capricieux et bizarres, qui, à quelques exceptions près, sont d'une exécution grossière et déplaisante.

Telle est, cependant, l'architecture, tel est le goût qui déborde de toute part à l'exclusion du style antique et des formes naturelles.

Quant au génre capricieux des ornemens gothiques, il faut convenir qu'au milieu des constructions dans le système ogival, il se trouve quelquefois des ajustemens de détail qui (ainsi que je l'ai remarqué) sont ornés avec une certaine habileté, et qui, semblables à de l'orfévrerie, attestent l'adresse et la patience de l'ouvrier. Mais de cette espèce de perfection, qui est entièrement en dehors du mode qui domine dans l'ensemble, il ne faut pas conclure que ce mode soit bon en lui-même, et généraliser ainsi l'estime qu'on doit à des ouvrages purement décoratifs qui se rencontrent accidentellement dans les édifices sacrés du moyen âge, ou dans les palais construits avant le quinzième siècle.

Le quinzième siècle qui s'est élevé radieux du sein des discordes civiles, au temps des Guelfes et des Gibelins, fut à la fois celui de la littérature, des sciences et des beaux-arts, qui se produisirent ensuite avec tant d'éclat en Italie et en France avec l'appui des Médicis, de Léon X et de François Ier.

Cette époque d'une si grande révolution dans les arts, après tous les bouleversemens qui les avaient anéantis, les montre de nouveau avec tous les progrès que l'exploration des œuvres de l'antiquité, qu'on étudiait déjà avec ferveur, devait assurer, mais cependant avec quelques uns de ces défauts qui décelaient encore la corruption du goût qui avait envahi le domaine des beaux-arts pendant les siècles de barbarie.

Dans cette ère nouvelle, si l'on récompensait alors les artistes par une haute estime, c'est que leur habileté, leur savoir embrassait à la fois la science et l'art ; c'est qu'ils étaient lettrés, architectes, peintres et statuaires ; c'est qu'ils bâtissaient des villes, c'est qu'ils les embellissaient par des monumens, c'est qu'ils en fortifiaient les murailles, c'est qu'ils ouvraient des canaux pour la navigation,

2

c'est qu'ils créaient un sol nouveau par une rénovation qui s'étendait à tout.

Mais de nos jours, quelle dissémination oligarchique s'est introduite au milieu de nous! le génie militaire est appelé exclusivement à la construction des places sans le concours des ingénieurs civils, et ceux-ci, à l'exclusion des architectes, sont employés au tracé des routes, à la construction des ports, des quais et des ponts, et quelquefois même, à l'abri de toute responsabilité, ils interviennent dans la construction des édifices publics; enfin les œuvres des uns et des autres sont entièrement étrangères à toute pensée monumentale, et n'offrent en résultat que des ouvrages grossiers et à demi barbares.

L'architecture enfin, qui présidait alors à tous les genres de construction, ne serait bientôt plus de nos jours qu'une auxiliaire des ponts et chaussées sans la supériorité qui se développe si avantageusement dans l'école des beaux-arts, à l'aide de la nouvelle organisation des études.

Cette organisation a fait prévaloir l'art de bâtir sur l'insouciance qu'on voyait autrefois régner dans les écoles particulières, de telle sorte que nous devons espérer désormais de voir marcher d'un pas égal l'étude des sciences mathématiques, le dessin de la figure et de l'ornement avec les combinaisons si complexes de la distribution des édifices.

Cette marche progressive dans l'enseignement de l'architecture ne saurait s'opposer à faire participer les trois branches de cet art , maintenant séparées, à une organisation qui les réunirait à un centre commun.

Par un tel concours, les villes prendraient un aspect nouveau ; partout on reconnaîtrait l'influence de l'architecture rendue à sa dignité première ; et alors, tous les ouvrages publics, dans quelque but qu'ils fussent entrepris, auraient un caractère de grandeur autant que de stabilité là où l'on ne retrouve souvent que l'empreinte de la parcimonie où des dépenses énormes prodiguées pour des éventualités.

Mais bornons nos remarques sur la nécessité de remédier à une subdivision dans la direction des constructions publiques, subdivision qui n'a pas toujours existé, pour rentrer dans le cercle de l'architecture civile dont on a fait une spécialité.

Par l'aperçu rapide des révolutions progressives que l'architecture a subies depuis les premiers temps jusqu'à nos jours, malgré les désastres de la décadence et les troubles du moyen âge, nous voyons que l'architecture n'a pas cessé de marcher vers la perfection. Et en effet, cet art, dans l'Inde, grossier et dans l'enfance, prend des formes plus constantes à travers la civilisation imposée à l'Égypte ; bientôt après, les Grecs, tout en conservant les formes et les ornemens des constructions pélagiques et par une progression rapide, impriment à l'architecture, comme aux autres arts, l'empreinte de toutes les perfections ; enfin, les Romains, par la magnificence de leurs édifices et de leurs monumens, se sont élevés encore au-dessus de leurs devanciers.

Maintenant, des dissentimens sur des puérilités paralysent cette marche progressive : elles jettent le doute là où l'expérience s'efforce de porter la lumière.

D'une part, les maîtres partisans des anciennes études, de l'autre, les amateurs des œuvres de quelques siècles de dévastations et d'ouvrages nés au sein de la barbarie ; et enfin, pour comble d'égarement, le retour vers ces grotesques enfantemens, surgis au sein de toute la dépravation qui s'était implantée sur les degrés avilis du trône de Louis XIV.

Il serait peu généreux, sans doute, de s'élever contre les partisans de ce mode de décoration à chantournement grotesque qui s'était établi dans les salons et dans les boudoirs du quartier Saint-Germain.

Laissons en paix les amateurs de ce genre, plus capricieux et plus insignifiant encore que la décoration gothique ne le peut être.

Un sujet plus grave et plus digne de fixer l'attention des artistes et des dispensateurs de la renommée, ce serait la prééminence à reconnaître entre deux autorités qui, à bon droit, pourraient tenir notre jugement en suspens.

L'une, qui est descendue des hauteurs du Capitole jusqu'à nous, et cette autre qui naquit du sein des discordes civiles, dont l'existence remonte de trois à quatre cents ans en arrière de notre ère : époque d'une perturbation féconde qui fit sortir de la poussière des cloîtres des manuscrits oubliés pendant des siècles, et qui vit renaître les sciences, les beaux-arts ! et comme par enchantement, cet enthousiasme de gloire toujours fécond en nobles inspirations ; aussi ces inspirations furent-elles le partage de tous les hommes de génie de cette époque.

Ils étudiaient, ainsi que nous, toutes les merveilles de l'antiquité grecque et romaine : ils les méditaient pour en faire d'heureuses applications.

Ils avaient bien reconnu que dans l'accord des ordonnances doriques et corinthiennes, il s'y trouvait des perfections qu'on ne pouvait pas altérer sans danger, mais aussi ils n'ignoraient pas que dans un temple périptère ou hypèthre ne pouvaient se trouver toutes les combinaisons de l'architecture. Ils surent en se livrant aux arts qu'ils pratiquèrent avec tant de hardiesse et de succès, se conformer à des besoins, à des convenances que les mœurs, les usages de l'Italie moderne, les lois et la religion leur imposaient.

En suivant ces règles si naturelles on ne peut craindre aucun égarement, mais les partisans de l'école italienne ne se sont pas toujours préservés de quelque exagération ; en s'attachant à imiter les œuvres de cette école, ils en ont fait un amalgame incohérent avec le genre bâtard qui dans le siècle dernier nous avait conduits au rocaillage et au chantournement dont on ne saurait trop se garantir.

D'autre part, on a vu de nos jours les partisans des merveilles du quinzième siècle en reproduire les formes, les ornemens, mais avec tant de profusion et si peu de discernement qu'ils sont tombés dans le vice contraire au système qui, il y a peu d'années, dominait par une rectitude trop absolue : défaut grave qui imprimait aux ouvrages susceptibles de grâce et d'agrément une empreinte de froideur, mais qu'on appelait du style, mot vague dans son interprétation qui a varié d'école en école.

A ce qu'on appelait du style on opposa le caractère : on ne vantait plus que les exagérations des masses et des profils de temples de Pœstum ; le Parthénon et les propylées d'Athènes étaient oubliés : enfin le genre florentin vint avec les bossages dénaturer les choses les moins susceptibles d'une apparence de force. C'est ainsi qu'en l'absence de règles constantes on tombe d'un égarement dans un autre.

Une nouvelle école, plus recherchée, plus élégante, ayant pour autorité les nombreux édifices érigés au quinzième siècle par Baltazar Peruzzi, Bramante, Sangallo, Vignole, Palladio et tant d'autres, ramena l'usage des façades décorées avec des colonnes engagées dans l'épaisseur des murs.

Était-elle fondée en principe? nous serions disposés à répondre négativement, s'il n'existait pas dans l'antiquité quelques exemples respectables qui sembleraient justifier cette dérogation à la pensée première qui fit employer les colonnes à former des portiques, en ne les considérant que comme point d'appui et non comme combinaison décorative.

Si ce mode de décoration n'est pas sans agrément, il importe au moins d'en signaler l'abus.

Notre tâche à ce sujet ne serait pas difficile, si nous n'avions qu'à exprimer notre pensée sur l'introduction des colonnes engagées, mais souvent elles ont été employées avec une élégance qui satisfait la vue et qui, quelquefois même, peut être justifiée par la convenance et par une utilité apparente.

Mais aussi, ce ne peut être que par une dérogation aux vrais principes et par une exception qu'il n'est pas toujours facile de justifier entièrement.

Peut-être ce genre de décoration n'a-t-il acquis de faveur qu'à l'époque de la décadence de l'art sous les empereurs; et peut-être aussi cette dégénérescence a-t-elle donné naissance à ces colonnes groupées de l'architecture gothique ?

En architecture, ne faut-il pas que les combinaisons comme les moyens d'exécution, concourent ensemble pour atteindre le but qu'on se propose dans la distribution d'un édifice, et que ces moyens restreints dans leurs limites ne soient apparens qu'autant qu'il est indispensable pour échapper au défaut d'une exubérance dont l'art de distribuer les édifices, réuni à l'art de bâtir, ne pourrait s'autoriser ?

Les colonnes plaquées ou engagées n'ont-elles pas presque toujours le défaut de cette exubérance? Les édifices gothiques et les églises surtout n'existent-ils autrement que par une complication monstrueuse de ces moyens de confortation qui en rend l'aspect si ridicule, sur les flancs ou au pourtour des absides dont la forme, souvent en hémicycle, tend si puissamment à pousser au vide?

Ce ne fut pas à de semblables moyens que les édifices antiques durent leur stabilité. Sans le bouleversement qu'ils subirent, la faux du temps les eût respectés; ils existeraient encore, tandis que les arcs-boutans et les églises gothiques elles-mêmes périssent ou nécessitent d'importantes réparations.

Considérons les édifices sous un point de vue plus étendu.

C'est dans les édifices sacrés que se trouvent les exemples les plus notables et les plus importans, et telles sont les églises.

Les églises du Bas-Empire ne furent pour la plupart que des basiliques dont les chrétiens de la primitive église s'emparèrent pour y pratiquer leur culte. Mais elles ne purent suffire aux nouveaux élus dont le nombre, la puissance et la richesse s'accroissaient rapidement; de nouvelles églises et des couvens furent érigés dans un goût d'architecture qui tint encore du mode antique.

Les plans conservèrent les voûtes sphériques et

les demi-cintres dont les Romains avaient introduit l'usage.

Les églises de cette époque, d'une architecture connue sous la dénomination de byzantine, conservèrent pendant trois à quatre siècles quelques apparences de l'ancienne manière de bâtir.

Dans leur décoration on retrouve souvent aussi une réminiscence des ornemens antiques.

Les architectes du moyen âge durent s'apercevoir que les arcs-boutans qu'ils pratiquaient pour prévenir l'écartement des faces élevées de la nef centrale des églises, étaient défectueux : ils voulurent, autant qu'il était possible, en déguiser la laideur. C'est dans cette vue qu'ils les surchargèrent d'une multitude de petits détails et d'ornemens plus ou moins fantastiques.

Les architectes des temps modernes ne substituèrent au faux goût de la décoration des portails gothiques qu'un genre d'architecture que rien ne pourrait justifier. Ils remplacèrent la décoration de ces portails quelquefois ingénieuse par des étages d'ordres inconvenablement élevés les uns sur les autres, comme si à l'intérieur il pouvait exister plusieurs étages de voûtes.

Jacques Debrosses à Saint-Gervais, Servandoni à Saint-Sulpice sont tombés dans ce défaut, et on pourrait en nombrer beaucoup d'autres, mais je me bornerai à ces deux exemples comme les plus dignes de fixer l'attention.

Il faut remarquer cependant que Servandoni, dans le portail de Saint-Sulpice, a su motiver les deux étages de portique en conservant au deuxième l'apparence d'une loge d'un grand effet, mais qui serait mieux placée dans un édifice de toute autre nature.

Presque tous les portails d'églises érigés dans le même temps ne sont que des simulacres d'architecture en bas-relief, qui semblent n'avoir été composés que dans la vue de prouver qu'on connaissait assez bien son Vignole.

Certainement il y a bien peu d'invention dans ces placages de colonnes engagées, dans ces ordonnances doriques, ioniques, corinthiennes échafaudées les unes sur les autres, et encore moins d'unité et de convenance.

Certainement aussi les architectes du quinzième siècle montraient plus d'imagination ; ce qui est plus certain encore, c'est que l'architecture, aux mémorables époques de Périclès et d'Auguste, avait plus de simplicité et plus de grandeur, plus de noblesse et plus de gravité que tout ce qui a été tenté jusqu'à nous, en disposition et en décoration des édifices sacrés.

Cette vérité a été reconnue de nos jours ; on a cherché, dans la composition des églises nouvelles, à se rapprocher de la disposition des temples anciens. A-t-on fait ce qu'il y avait de mieux ? C'est une question neuve que je ne veux pas approfondir.

Ce qui est bien démontré, je crois, c'est que l'usage des porches en avant des portes d'une église est chose convenable, et que, jusqu'à ce qu'on ait mieux fait, les portails en imitation des portails grecs et romains seront toujours d'un effet assez beau pour en autoriser l'usage.

L'expérience et les tentatives des architectes qui viendront après nous pourront seules nous démontrer s'il est possible de concilier le mode d'architecture des portails gothiques avec une architecture plus expressive, plus raisonnée, plus convenable et plus naturelle.

De tout ce qui précède il ne faut pas conclure que l'architecture, appelée classique, soit la seule absolue; mais on ne contestera pas qu'étant la plus simple, la plus eurythmique, la mieux coordonnée dans ses parties, elle ne soit encore la plus susceptible d'heureuses applications.

La cour du Louvre en est une démonstration sensible ; certaines façades, soit sur le quai, soit en retour sur le jardin, ne s'éloignent pas des principes que nous professons.

Plusieurs palais de Rome et des villes d'Italie ne peuvent suspendre notre estime pour ce genre d'architecture ; les écarts qu'on peut y remarquer ne doivent pas empêcher de les comprendre dans la catégorie des bons modèles ; d'autant plus que dans ces édifices on reconnaît l'indépendance du génie et l'influence du bon goût, et que les architectes qui ont présidé à ces ouvrages ont été inspirés par la connaissance de l'antiquité sans être asservis par ces scrupuleuses et serviles imitations dont l'abus n'est pas sans danger.

La plupart des publications des ouvrages sur les antiquités grecques ou romaines ont un caractère de vérité qui suffit à qui veut s'en inspirer.

Le travail minutieux qui consiste à relever des mesures déjà connues a pour grave inconvénient de faire perdre un temps précieux, d'éloigner les élèves de la véritable observation et de la transmission dans des dessins faits avec sentiment, d'après les fragmens d'antiquités et d'après les nombreux modèles que les musées renferment. Je pense que c'est à cette étude que durent s'arrêter les artistes du quinzième siècle.

Il faut bien se persuader aussi que ce n'est point dans la pointilleuse perfection des ajustemens de détail, soit à l'intérieur, soit au dehors, que consiste la véritable beauté d'un édifice.

En insistant sur ce qui précède, on peut se convaincre que je suis bien éloigné de proscrire l'art du dessinateur; loin de cette pensée, il faut se livrer à cette étude assez fructueusement pour être capable de produire ses modèles en grand.

Cette partie agréable des études peut marcher concurremment avec celle des choses positives et scientifiques dont elle serait un délassement.

Ainsi, tous ceux qui ont la noble pensée d'exercer l'architecture avec honneur, ne doivent négliger aucune des études indispensables pour atteindre ce but. Ils ne doivent délaisser ou *négliger aucune branche de l'enseignement. Ils doivent les suivre dans un ordre méthodique, ordre qu'il est plus urgent qu'on ne pense de ne pas intervertir.*

C'est le seul moyen de repousser cette injurieuse distinction, faite quelquefois gratuitement, entre un architecte dessinateur et un architecte constructeur.

Ces deux qualités sont essentiellement inséparables, car sans leur réunion intime, on ne peut être que maçon ou dessinateur de plans.

A ce sujet, je citerai un article inséré dans le *Dictionnaire de l'Encyclopédie méthodique* (tome II, page 57), sur les causes qui ont rendu la construction des édifices extrêmement coûteuse et souvent peu solide, dont on doit la rédaction à M. Quatremère de Quincy.

QUELLES SONT LES CAUSES QUI ONT RENDU LA CONSTRUCTION DES ÉDIFICES EXTRÊMEMENT COUTEUSE ET SOUVENT PEU SOLIDE ?

« Depuis le renouvellement de l'architecture antique, la plu-
« part de ceux qui se sont adonnés à cet art ont négligé l'étude
« de la construction pour ne s'occuper que de la décoration
« qu'ils ont regardée comme l'objet principal de l'architecture,
« tandis que ce n'est qu'un accessoire ; car un édifice peut par-
« faitement remplir l'objet de sa destination quoiqu'il ne soit
« pas décoré, tandis qu'un autre, dont la décoration serait fort
« belle, ne le remplirait pas.

« Cet abus , du moins on peut le soupçonner, vient de ce que
« les premiers qui renouvelèrent l'architecture antique , furent
« des peintres , des sculpteurs ou des dessinateurs qui n'eurent
« en vue que la décoration , parce que cette partie était plus de
« leur ressort que la construction qui exige des connaissances
« particulières. C'est pour cette raison que les productions de ces
« premiers architectes ne sont la plupart que des massifs décorés
« et presque indépendans de l'essentiel de l'édifice. Il en est
« résulté une architecture lourde et dispendieuse, où tout est
« assujetti au caprice du décorateur, de manière que si l'on sup-
« primait de quelques uns de ces édifices les colonnes, les pi-
« lastres et les autres ornemens, il ne resterait que des masses
« informes auxquelles on a sacrifié la commodité, la convenance
« et l'économie ; cependant, dans les beaux édifices antiques
« dont ils n'ont cherché à imiter que les ornemens, on voit que
« les colonnes , les frontons et les autres parties principales de
« la décoration étaient des choses essentielles à l'édifice ; c'est
« ce qui donnait à leurs ouvrages un caractère de grandeur et de
« convenance qui excite encore l'admiration , quoique ce qui
« reste soit dépouillé de la plus grande partie de ses ornemens.
« La protection particulière que l'on a accordée jusqu'à pré-
« sent à ceux qui ne se sont occupés que de la décoration est
« cause que la plupart des architectes actuels ont aussi dédaigné
« *la construction* , pour se livrer à la partie favorisée par les dis-
« tinctions et les récompenses. De là tous ces projets chimériques
« et ruineux, souvent même inexécutables, où l'on voit que le
« principal est sacrifié à de vains accessoires ; où l'on ne fait
« presque aucune attention à l'usage auquel un édifice est des-
« tiné, ni à la dépense qu'il faudrait pour l'exécuter. C'est sou-
« vent un style à la mode qui détermine les jeunes architectes.
« Tout ce qui ne peut pas se plier aujourd'hui aux formes du
« premier style de l'architecture grecque est rejeté comme
« n'étant plus en vogue ; aussi voit-on que c'est leur principale
« étude ; ils savent que c'est à celui qui s'en acquitte le mieux
« que l'on accorde le prix et les récompenses, et les grades de
« l'École. Tant pis pour un particulier qui tombe entre les mains

« d'un architecte qui aspire à ces grades parce qu'il sacrifiera les
« intérêts et les convenances au goût dominant de l'École......

« Les gens en place et les amateurs n'ont pas assez réfléchi
« sur la nature et l'objet de l'architecture ; cet art n'est pas
« comme la poésie, la peinture, la sculpture, la musique, un
« art de pur agrément qui puisse souffrir tous les écarts de
« l'imagination ; c'est au contraire un art essentiellement utile,
« qui exige beaucoup de connaissance, de prudence et d'habi-
« leté pour allier, dans un même édifice, la beauté, la commo-
« dité, la solidité et l'économie. C'est véritablement en quoi
« consiste la science de l'architecte, science qu'il est si difficile
« d'acquérir. Quoique notre nation se glorifie d'être une des plus
« instruites, peut-être pourrait-on en dire, avec Platon, qu'elle
« aurait bien de la peine à produire un architecte accompli.

« Les architectes actuels étant pour la plupart plus décora-
« teurs que constructeurs, ils connaissent à peine les procédés
« des arts qu'il faut mettre en œuvre pour exécuter leurs projets,
« d'où il résulte que lorsqu'ils se trouvent chargés de l'exécution
« de quelque édifice important, étant indécis sur les moyens,
« ils changent et varient sans cesse ; ils font recommencer plu-
« sieurs fois des parties d'ouvrages sans pouvoir se satisfaire
« eux-mêmes ; et, après plusieurs tentatives aussi coûteuses
« qu'inutiles, ils finissent par se confier à des entrepreneurs,
« gens ordinairement avides et rusés qui ne cessent de leur ten-
« dre des piéges pour les faire entrer dans leurs vues intéres-
« sées, en prodiguant inutilement la matière et les ouvrages
« superflus. — Telle est la source de cette infinité d'abus qui
« ruinent les particuliers les plus riches, et épuisent l'État sans
« rien produire. »

Je suis loin d'admettre dans toute sa rigueur le
texte extrait du dictionnaire rédigé par l'illustre aca-
démicien, auteur du *Dictionnaire d'architecture.*

Cette citation ne peut offenser les architectes
expérimentés de notre époque ; je n'ai voulu que

prémunir contre la déplorable tendance qui a fait quelquefois négliger les études préparatoires et graves de la science, et même celle du dessin en grand pour se livrer prématurément à la composition des édifices ; travail infructueux s'il n'est appuyé sur des connaissances mathématiques et physiques dont on ne peut méconnaître l'utilité, qui seules peuvent ouvrir la porte du sanctuaire où la raison se fortifie, où le génie vient allumer son flambeau.

FIN.

www.ingramcontent.com/pod-product-compliance
Lightning Source LLC
LaVergne TN
LVHW021648170726
843501LV00007B/2480